PETITES LETTRES
D'UN
RÉPUBLICAIN ROSE

I

LETTRE A M. DE LAMARTINE

PAR

ANDRÉ ERDAN.

PRIX : 25 CENTIMES.

PARIS
JULES LAISNÉ, LIBRAIRE-ÉDITEUR
PASSAGE VÉRO-DODAT
1849

PETIT AVERTISSEMENT.

Deux questions.

Première question. Pourquoi ces lettres ? — Parce qu'il a semblé à l'auteur qu'on ne disait pas assez vertement leurs vérités à certains hommes.

Deuxième question. Pourquoi s'intituler républicain rose ? pourquoi pas rouge ? — Parce que l'auteur est d'avis qu'il faut toujours mettre un peu d'eau dans son vin.

Ami lecteur, salut et fraternité.

A. ERDAN.

SOUS PRESSE :

II. — LETTRE A M. THIERS.

III. — LETTRE A M. LOUIS-BONAPARTE.

IV. — LETTRE A M. BERRYER.

Société typographique. — DESOYE, imprimeur, rue de Seine, 32.

PETITES LETTRES

D'UN RÉPUBLICAIN ROSE.

I

LETTRE A M. DE LAMARTINE.

MONSIEUR,

Sied-il à un citoyen obscur de faire des remontrances à un homme tel que vous?

Voilà ce que je me suis demandé bien des fois depuis que l'idée m'est venue de vous soumettre quelques observations sur votre attitude politique pendant le cours de cette année.

A l'avouer franchement, je craignais que mon zèle ne fût de la témérité, mon audace de l'insolence, ma critique une présomptueuse erreur.

Il en est des grandes renommées comme des vieux cultes.

Quand vous êtes offusqué des superstitions vieillies et que votre raison s'arme généreusement pour les combattre, voilà que le mot de Religion passe devant vous et vous rend indécis, craintif, scrupuleux : vous avez peur.

Ainsi en est-il pour les hommes illustres. Au moment où vous prenez la plume pour blâmer leurs fautes, l'image du génie apparaît à vos yeux, et vous ne sentez plus que votre faiblesse : vous avez peur.

J'ai eu cette peur-là par rapport à vous, Monsieur; et il n'y a que votre modestie qui pourra s'en étonner. Le public, que je mettrai dans la confidence de cette lettre, ne s'en étonnera point. Je crains même qu'il ne comprenne le sentiment que j'éprouve au point de me blâmer de n'y avoir point obéi.

Et, néanmoins, malgré lui, malgré moi, j'oserai vous dire franchement ma pensée.

J'ai, par devers moi, quelques aphorismes qui m'encouragent :

Les petits ont souvent fait entendre la vérité aux grands.

Les gens de médiocre valeur ont quelquefois apprécié sainement les choses, alors que les maîtres en littérature n'y voyaient absolument rien.

On peut n'avoir pas composé un seul livre, et porter un bon jugement sur les livres d'autrui.

De pauvres sujets ont donné des eçons à de puissants rois.

Quand César, porté sur son char de triomphe, traversait les flots du peuple, un esclave lui criait : César, tu n'es qu'un homme !

Je suis cet homme de rien, M. de Lamartine, et je viens vous rappeler que vous n'êtes pas un Dieu.

Encore un mot de préambule, et ce sera fini.

Ma parole sera franche et sincère. S'il lui arrive d'être offensante et dure, j'espère, Monsieur, que vous n'aurez pas lieu de vous en prendre à moi, mais bien à la vérité, qui nous fait parfois, vous le savez, de singulières grimaces. Du reste, je n'oublierai point que je parle à un gentilhomme d'une éducation exquise, et j'aurai soin d'être poli, même quand je serai brutal. Car, sans vouloir vous donner le change un seul instant, je serai brutal; je vous en préviens.

Il y a deux hommes en vous, Monsieur : le littérateur et le politique. Ainsi que plusieurs de nos célébrités contemporaines, vous avez voulu jouer un double rôle sur la scène de ce siècle. Comme vous l'écrivez vous-même dans je ne sais plus quelle préface, la littérature n'est à vos yeux qu'une tâche secondaire, et la solitude du penseur que le délassement des travaux de l'homme public.

Pour porter de vous un jugement complet, il faudrait donc vous considérer successivement comme écrivain et comme orateur, dans les éditions de Furne et à la tribune parlementaire, dans votre fauteuil d'académicien et au banc des ministres.

Mon but, ici, n'est pas précisément d'apprécier votre littérature. J'en dirai seulement quelques mots.

Etes-vous un grand écrivain ?

J'appelle un grand écrivain celui qui exprime des idées élevées et des sentiments généreux dans un style vigoureux, brillant et pur.

D'après cette définition, que messieurs de l'Université ne trouveront peut-être pas irréprochable, attendu que je ne l'ai point apprise à leurs soporifiques leçons, d'après cette définition, dis-je, voici le jugement que j'oserais porter sur vous comme littérateur.

Dans les idées et dans les principes, vous manquez d'invention. Je m'explique. On ne trouve point chez vous ces hautes vues qui illuminent une époque et qui font marcher un siècle. Voyez la différence qui existe sous ce rapport entre vous et vos illustres devanciers. J.-J. Rousseau a mis dans ses travaux une philosophie si puissante qu'il a ébranlé le monde des esprits; Voltaire, par ses immortelles poésies et par ses histoires, les deux genres où vous vous êtes exercé, a répandu, dans la république des lettres, des lumières inconnues. Lamennais, de sa plume d'or, a buriné des pages qui seront la règle, le code de l'avenir. Tous ces grands hommes ont ainsi élevé un fanal sur la route de l'humanité. Ils lui ont enseigné des choses qu'elle n'avait point encore apprises. Ils ont fait marcher les idées. En un mot, ils ont créé, ils ont inventé.

En pourrait-on dire autant de vous, M. de Lamartine ?

Au reste, cette question est loin de s'adresser exclusivement à l'auteur des *Harmonies,* des *Méditations,* du *Voyage en Orient,* et de l'*Histoire des Girondins.* Je l'adresserais volontiers à l'ensemble de notre littérature. Soit affaiblissement du génie national, soit hypocrisie, soit timidité, il est certain que la plupart de nos hommes de lettres sont très faibles sous le rapport des idées et de la philosophie. Les ouvrages d'esprit, si importants et si puissants avant notre première révolution, sont à peu près nuls d'action à notre époque. On dirait que leurs auteurs ne se sont proposé d'autre but que celui de se faire admirer, de vendre des livres, et de s'enrichir à ce commerce. Il est rare de trouver un écrivain qui se propose un but sérieux et utile. S'ils composent des vers, c'est pour étaler aux yeux du public les rêvasseries de leur esprit en délire ; s'ils imaginent un roman, c'est pour qu'il leur rapporte tant la ligne; s'ils mettent un drame sur la scène, c'est pour éblouir les yeux ou pour tracer aux âmes des modèles de corruption. La vérité n'a plus d'apôtres. Nous ne sommes plus au XVIIIe siècle, où l'homme qui mettait la main à une plume se disait : Je veux apprendre à mon pays telle vérité, je veux lui inculquer tel principe, je veux lui rendre méprisable telle superstition. Alors, la littérature était l'âme, le levier de la société. Aujourd'hui, un livre n'est plus qu'un jeu, qui rapporte tant d'argent à son inventeur et qui amuse plus ou moins le public. Tous les sacerdoces, en ce temps, sont tombés dans le déshonneur.

Certes, Monsieur, vous êtes en dehors de cette littérature banale, boutiquière et corruptrice. Il n'y a rien de commun entre elle et vous. Je n'en ai parlé que par parenthèse. Tout ce que je prétends à votre égard, c'est que vos travaux manquent de système, d'intention positive, de but avoué. A mon sens, c'est manquer du cachet des grandes œuvres. Vous avez composé beaucoup de vers; vous avez écrit des volumes d'une prose chaleureuse et colorée. Et, avec tout cela, vous n'avez pas fait avancer d'une ligne l'esprit de la nation. Est-ce que votre talent, qui brille avec tant d'éclat par l'imagination, ne s'élève pas assez haut dans les régions de la pensée? est-ce plutôt que vous avez manqué de hardiesse, de franchise, de décision? La seconde moitié de votre vie résoudra ce problème.

En ce qui concerne les affections morales, vous avez une sensibilité très vive. La cruauté et l'injustice vous froissent douloureusement. Vous ressentez pour l'humanité une affection sincère et même un peu tendre. Tous vos ouvrages attestent que votre âme est bonne, compatissante, naturellement vertueuse. Vous êtes un des premiers dans la famille des nobles cœurs.

Et, pourtant, même à ce point de vue, vous ne serez point à l'abri de ma critique.

En fait de sentiment, vous avez trop et pas assez. Vous avez trop de cette sensibilité organique et nerveuse qui a efféminé, affadi notre littérature depuis

Chateaubriand. Vous n'avez pas assez de cette sensibilité calme et raisonnée, qui repose sur des principes solides et sur la notion claire du droit ; vous pleurerez sur Graziella, cette gracieuse enfant morte d'amour ; vous ne serez que médiocrement ému des souffrances inénarrables que le prolétariat étale sous vos yeux. Vous avez la nature assez douce pour vous indigner au récit d'un massacre et pour tracer vous-même ce récit en des pages remplies de pleurs ; vous ne sauriez pas, recueilli dans votre cabinet, vous attrister du sort d'un peuple que ses patriciens dévorent et, d'une plume généreuse, tracer à ce peuple ses imprescriptibles droits. Votre mère vous apprit la bonté. Quelqu'un vous apprit-il la justice stricte et sévère? Vos sentiments sont puls tendres qu'élevés, plus mous que généreux, plus ardents que dévoués. Vous composeriez une touchante élégie sur une souffrance; vous n'êtes pas homme à dire à celui qui l'a causée : Tu es un misérable! Il y a de la mollesse dans vos convictions et dans votre vertu.

Pour ce qui est de votre style, je ne répéterai pas un jugement désormais consacré. Vous êtes un des plus brillants écrivains de cette époque. Je vous avouerai cependant que j'aime mieux votre prose que vos vers. Votre prose, je ne puis que l'admirer. Elle est merveilleuse de richesse, d'imagination, d'éclat, de limpidité, de noblesse, de chaleur. Je la trouve étincelante. Quant à vos vers, dont j'ai bien des fois savouré la mélancolique harmonie, j'oserai dire qu'ils sont loin d'avoir cette clarté qui fait tant de plaisir dans les écrivains du XVIIe et du XVIIIe siècle. Souvent la pensée y est entortillée, l'expression impropre, le tour incorrect, l'épithète bizarre. Si vous restez comme poëte, nos neveux vous accableront de critiques. C'est dans vos livres en prose qu'est votre titre à l'immortalité.

En voilà bien assez sur la littérature. Je passe à la politique.

La première moitié de ce siècle a mis au jour quatre grands poëtes : Chateaubriand, Béranger, Lamartine, Victor Hugo.

De ces quatre poëtes, l'un s'est systématiquement abstenu de prendre part aux affaires publiques. Lui, qui chantait si puissamment la liberté, il n'a jamais voulu se mêler au gouvernement du pays. On eût dit qu'il craignait de perdre ses illusions au sein des Assemblées législatives. Sa muse redoutait l'action. Béranger qui, par ses strophes éloquentes, a soufflé le patriotisme dans le cœur de tous les citoyens, n'est point sorti de sa solitude pour diriger les destinées de la patrie. Il n'a pas ambitionné d'autre gloire que sa gloire immortelle de chansonnier.

Il n'en a pas été ainsi des trois autres poëtes qui se sont partagé avec lui la renommée. Tous trois ont tenté de joindre la couronne civique à la couronne de Virgile. Tous trois ont demandé à la tribune parlementaire et aux portefeuilles ministériels un surcroit d'honneurs. Chateaubriand a été ministre, Lamartine a été ministre ; Victor Hugo s'étonne fort de n'avoir pas encore été ministre. Et, chose singulière, ces enfants privilégiés des Muses ont toujours manifesté des prétentions singulières à être avant tout et surtout, des hommes de politique et de diplomatie ; c'est la manie du temps. Chateaubriand, ministre des affaires étrangères, se croyait plus homme de génie que Chateaubriand auteur du *génie du Christianisme*. M. Victor Hugo mettrait volontiers ses discours creux, comme titres à l'admiration de la France, à côté de *Notre-Dame-de-Paris* et de *Marion Delorme* On sait qu'il se considère comme un profond penseur qui possède toutes sortes de merveilleuses recettes pour réformer le pays. Justice est faite de ces ambitions naïves. Chateaubriand, ministre de Louis XVIII, est oublié ; M. Victor Hugo, s'intitulant penseur, fait respectueusement sourire. N'allons pas plus loin. Quand il arrive aux grandes renommées de friser le ridicule, c'est à nous, qui vénérons la gloire, de le dissimuler.

Mais, que penser de vous, M. de Lamartine, à ce point de vue ? quel jugement porterons-nous du député de Mâcon devenu membre du gouvernement provisoire après la révolution de Février ? telle est la question.

Il faut reconnaître, Monsieur, que la Providence vous a imposé un long circuit avant de vous faire arriver à la terre promise. Il y avait loin du château de Milly à l'Hôtel-de-Ville. Qui eût cru que le jeune gentilhomme qui, en 1814, défendait la cause de la légitimité avec tant d'amour, devait, en 1848, proclamer la République à la tribune du Palais-Bourbon ? Les étoiles de certains grands hommes ont des scintillements bizarres auxquels les petites gens ne peuvent rien comprendre.

Dans vos mémoires, vous nous présentez votre dévouement à la cause des Bourbons comme provenant d'une idée tout à fait libérale. Lorsque vous boudiez la France, aux Cent-Jours, c'était, selon votre récit, pour aller méditer, dans les vallées de la libre Helvétie, sur l'égalité, sur la fraternité ! On dirait que le républicain se couvait déjà sous le frac des chevaliers de la monarchie. Malheureusement, il est difficile de systématiser ainsi sa vie après-coup. Il est difficile de prouver à des esprits clairvoyants qu'il y a de l'unité dans une carrière aussi accidentée, aussi morcelée que la vôtre. A vous dire franchement ma pensée, je doute de votre véracité ou je plains la faiblesse de vos vues. Comment croirai-je qu'un homme intelligent comme vous l'étiez dès-lors, pût s'imaginer que le retour des Bourbons était un triomphe pour la liberté, pour l'égalité, pour la fraternité ? N'y avait-il pas simplicité à prendre ces mannequins, bouffis d'orgueil et de prétentions risibles, pour des restaurateurs des principes libéraux ? Je vous le demanderai, Monsieur, que pouvaient-ils rapporter en France, ces histrions passés de mode, que le privilége, que la distinction de plus en plus prononcée des classes, que l'absolutisme moral, que des livrées pour des valets, que des fêtes aux Tuileries pour les roides comtesses du faubourg Saint-Germain, que des impôts sur les pauvres au profit de leurs sangsues, les riches, que des jésuites onctueux et cafards pour prêcher la résignation aux misérables, que des nobles stupides pour parader aux yeux ébahis de leurs gens dans leurs domaines, et pour venir lécher à la cour les pieds de leur roi ? Rattacher au principe de la légitimité des idées libérales ! Ah ! je les croirai, ces gentillâtres ambitieux, qui n'ont d'autre but que de supplanter la bourgeoisie et de se venger enfin des humiliations qu'ils ont subies, depuis que nos pères, dans la nuit du 4 août, leur arrachèrent tous leurs oripeaux! ah! je les croirai, ces prêtres intriguants, qui ont apostasié Jésus-Christ, le frère des pauvres, pour donner la main aux puissants! ah! je les croirai, ces hommes d'Etat en expectative, qui bouleverseraient la France pour saisir dans la mêlée les portefeuilles du gouvernement légitime! ah! je les croirai, ces journalistes sans idées qui, pour arriver à la fortune, soufflent à ces nobles citoyens français de rappeler des maîtres qui se sont affaissés d'eux-mêmes sur leurs trônes vermoulus ou déshonorés! ah! je les croirai, ces princes et ces princesses qui s'apprêtent à alimenter leurs plaisirs avec les deniers du pauvre peuple! ah! je le croirai, ce ridicule avorton du droit divin, qui prétend rentrer dans ce noble pays de France ni plus ni moins qu'avec les droits d'un seigneur!

Non, je ne les croirai pas; non, je ne m'expliquerai jamais que la France s'humilie devant ces mannequins dorés, non! Et, à tous ceux qui profaneront le nom saint de la liberté en l'accouplant au mot insensé de légitimité, je leur dirai : Vous êtes des menteurs ou des niais!

Je vous honore trop, Monsieur, pour ne pas écarter de votre nom la seconde de ces épithètes.

Vous dites : L'empire, c'était l'esclavage.

C'est vrai. Et, pour cela, la restauration était-elle la liberté?

La liberté n'était pas avant le 10 août; elle n'était plus depuis le 18 brumaire. Un homme tel que vous devait la voir dans l'intervalle.

Elle avait, me direz-vous, un poignard à la main! j'en aurais eu peur!

Il n'y a que les enfants qui ont peur des fantômes.

Ce n'est pas la liberté qui a été cruelle; ce sont ses ennemis qui ont été stupides d'entêtement.

Ne me trompé-je point? Est-ce bien du passé que je parle?

O Dieu! écartez ce présage!

Il est pourtant bien vrai que, quand on dit à un homme: Voici le soleil! et qu'il répond : Non, je ne vois pas! cela vous fait grincer les dents.

Il y a des brutes en France, et ces brutes ne sont pas dans les basses-cours.

Je reviens. Ne disputons pas sur les mots. Vous aviez dès ce temps-là, Monsieur, comme aujourd'hui, un cœur généreux, et, si votre esprit eût conçu des idées élevées en politique, votre cœur s'y fût associé. Mais votre esprit conçut peu de ces idées-là. Vous fûtes tout simplement, aux Cents-Jours, un royaliste. Accordez-moi cela, et je vous accorderai volontiers que vous étiez le royaliste le plus intelligent de la garde royale de sa majesté Louis XVIII, de grosse mémoire.

Ce qui prouve combien vos principes politiques étaient peu arrêtés, c'est que, lorsqu'il fut démontré à tous les yeux que le gouvernement de la restauration était destructif de toutes les libertés, votre vie littéraire, déjà brillante, n'en fut point émue. Dans vos poésies d'avant 1830, je ne trouve rien qui appelle le monde nouveau ébauché aux trois-jours. Je ne puis voir en vous, dans ce temps-là, que le poëte de l'aristocratie et du parti-prêtre, comme on disait alors.

L'heure de la révolution a sonné, que vous n'avez encore offert votre main qu'aux éternels ennemis du peuple. Où était donc votre génie? à quel sommeil était-il donc livré? Si vous teniez sincèrement à ce régime des temps passés, laissez-moi vous dire encore une fois qu'il y a eu une fameuse conversion dans votre vie. Que si vous n'en étiez pas encore arrivé, à trente-cinq ans, à juger sainement toutes ces vieilleries, permettez-moi de ne vous pas regarder comme un esprit de la première vigueur.

Je ne m'occupais que de poésie, direz-vous? Mais qu'est-ce que cela prouve?

Vous chantiez! j'en suis fort aise!

Mais il y a mille manières de chanter. Quand on est véritablement dévoué à la reconstruction du monde religieux et politique, au lieu de faire des odes sur le sacre de Charles X, on chante la raison et la liberté.

Que dirai-je de vos indécisions sous le règne de Louis-Philippe? A quoi tendiez-vous quand vous êtes entré pour la première fois à la Chambre? quel était votre programme politique? Franchement, en aviez-vous un? Je vous trouve pendant huit années à la remorque de tous les ministères. Vous vous laissez ballotter au vent de toutes les doctrines. En 1834, vous votez une loi draconienne contre les associations. L'année suivante, à propos de la dette américaine, vous défendez la politique couarde et les exigences ruineuses du vieux publicain du 7 août. Plus tard, en 1839, sous prétexte que l'opposition n'est pas assez généreuse et assez intelligente, je vous vois prêter l'appui de votre parole au ministère Molé, une de ces médiocrités désastreuses qui oppriment bêtement et qui font l'office de trous et de bornes au grand chemin de l'humanité.

Vous êtes satisfait.

Puis, paff! volte-face! Un beau jour, M. de Lamartine monte à la tribune et annonce qu'il va passer à l'opposition. Je dois dire en passant que les députés, et, ensuite, les électeurs de Mâcon entendirent à cette occasion de brillants discours. Car vous étiez déjà, Monsieur, un puissant orateur. Je ne veux, certes, diminuer en rien le haut mérite de votre éloquence. Vous avez l'heureuse nature de Vergniaud, le noble girondin, et l'histoire vous peindra plus grand que lui.

Mais ce sont des idées positives et des faits que je vous demande.

Quel fut, au juste, le motif de votre passage à l'opposition, en 1843? Aviez-vous entrevu la chute de ce vieux roi entêté et court de vues? vouliez-vous seulement raviver la politique pourrie de la monarchie constitutionnelle et lancer la royauté dans des errements nouveaux? étiez-vous ambitieux d'un ministère *de conciliation?* Je crois que cent bonnes raisons inspirèrent votre détermination, excepté pourtant le désir de hâter l'avénement de la République. Je suis persuadé que la République ne fut ni prévue ni souhaitée par vous avant le 24 février. Qui me l'a dit? Personne. La logique du *Constitutionnel* me plait en ce cas. Je vous répondrai donc avec *le Constitutionnel : Je ne le sais pas ; mais je l'affirme.* Oh! que *le Constitutionnel* a d'esprit! Pourquoi ne dit-on pas : Oh ! que les rédacteurs du *Constitutionnel* ont d'esprit ? Je n'aime pas les fictions.

Il y a, monsieur de Lamartine, de bien beaux mouvements d'éloquence dans vos discours de la Chambre des députés et du banquet de Mâcon, qui furent, en quelque sorte, le programme de votre nouvelle vie politique. Vous y parlez superbement de la démocratie, du règne des idées, du triomphe définitif du droit, des conquêtes de l'avenir. Il faut reconnaître que vos longs tâtonnements vous ont enfin amené à des principes sérieux, larges, hardis sur la question politique. Mais il était dit que vous deviez toujours être en retard pour les idées véritablement neuves, véritablement fécondes. Que vouliez-vous, en résumé ? Il est bon de disséquer un peu votre brillante phraséologie. Vos périodes sont trompeuses. On ne voit pas du premier coup les choses qu'appellent tant de mots sonores et harmonieux. Que vouliez-vous donc ? A l'intérieur, vous vouliez une réforme électorale et une teinte de libéralisme dans le ministère. A l'extérieur, vous vouliez une diplomatie fière, puissante, digne de nous. C'était quelque chose, c'était beaucoup de désirer cela sous le règne de Louis-Philippe. Honneur à vous de vous être solennellement séparé d'un pouvoir qui manquait à ses obligations fondamentales et de lui avoir dit en face : Vous oubliez que vous êtes né sur le cœur du peuple un jour de révolution ! Ce grave avertissement a porté un violent coup à la monarchie. Nous autres, qui étions jeunes alors, nous nous rappelons que la voix de Lamartine nous donna du cœur à haïr ce roi des barricades, qui étalait si impudemment son insolence de parvenu.

Et cependant, Monsieur, aviez-vous une véritable intelligence des besoins de cette époque ? sentiez-vous réellement le malaise du pays ? saviez-vous bien que ce qui manquait à la France, ce n'était pas tant un bon gouvernement qu'une bonne administration, pas tant des ministres beaux parleurs que des ministres dévoués et secourables aux misères du pays, pas tant les institutions de la démocratie que les droits de la démocratie, pas tant la paix extérieure que la paix dans l'atelier, pas tant le patriotisme que les bienfaits de la patrie, pas tant l'honneur que le travail, pas tant la gloire que le pain de chaque jour !

Non, vous n'alliez pas au fond des choses. Vous n'avez jamais atteint que les surfaces. Ecoutez comme vous envisagiez vous-même la grande cause populaire, dans le discours du banquet de Mâcon.

« Entendons-nous par démocratie ce *gouvernement tombé* de haut en bas, arraché aux classes qui, par *leur loisir*, *leur élévation*, *leur fortune*, ont le plus d'*aptitude* à se dévouer à la chose publique, pour le donner exclusivement, et par un privilége renversé, aux *classes les plus rapprochées du sol* et les moins exercées aux pensées générales ? Eh ! non, sans doute. *On nous calomnie* en nous attribuant cette chimère ; vous n'en voudriez pas vous-mêmes. Ce serait *donner la puissance* à ceux qui ne sauraient avoir ni les lumières pour *la comprendre* ni le temps pour l'exercer. *La société politique est ce qu'elle doit être :* une ; *la tête sera toujours la tête : malheur à une nation qui se décapiterait !* Ce que nous voulons, ce que nous entendons, c'est que la démocratie se compose de la *tête*, du corps et des membres, c'est-à-dire de toutes les forces de l'Etat : et de cette aristocratie des souvenirs, des noms, des illustrations, qui décorent le sommet de la population *sans peser sur elle*, qui a ses noms dans l'histoire, son sang dans nos batailles, et dont ce qu'on appelle la noblesse n'est que l'éclat très-légitime des grands services rendus au pays ; et de cette classe moyenne, active, intelligente, *propriétaire*, qui, par les industries, le commerce, l'agriculture, les travaux intellectuels, a tant conquis depuis cinquante ans, mais à qui pourtant *nous ne laisserons pas tout usurper ;* et enfin de *cette classe innombrable* de la population laborieuse, qu'on appelle les masses, d'où sortent *VOS soldats*, *VOS ouvriers*, *VOS travailleurs*. . . . . »

Voilà, si je ne me trompe, un échantillon capable de montrer au plus juste quelle était alors la nature de vos préoccupations. Vous vouliez bien redorer un peu la société flétrie ; mais vous la trouviez convenable dans son ensemble. Cette tête, ce corps, ces membres, tout cela était convenablement enrayé ; il ne s'agissait que de mettre un peu plus d'entrain dans la marche. Ce qu'on a appelé depuis la question sociale vous était presque totalement étranger. Vous reconnaîtrez vous-même, dans le passage que je viens de citer, des pensées étranges. Chose frappante, et qui démontre que vous n'envisagiez que l'aspect politique, diplomatique, ministériel du gouvernement, c'est que vous répétez ailleurs, avec une sorte d'intention marquée, que le règne de Louis-Philippe est irréprochable jusqu'en 1834. Irréprochable un temps où s'est passé le fait le plus significatif et le plus important de la monarchie de 1830, l'insurrection lyonnaise ! Irréprochable un temps où toutes les villes se soulevaient faute de pain et d'ouvrage ! Irréprochable un temps où un soldat brutal mitraillait Paris ! Mais M. de Lamartine n'entrait pas dans ces détails infimes. Qu'est-ce que c'est, pour un diplomate, que *cette classe innombrable qui fournit les soldats, les ouvriers, les travailleurs ?* Cela regarde les petites capacités, les hommes de bureau, les ministres secondaires. Juger les gouvernements sur des faits pareils : allons donc ! M. de Lamartine porte son regard d'aigle plus haut. Cet horizon n'est pas le sien. Il restera avec Louis-Philippe après les assassinats de la Croix-Rousse, après les massacres de la rue Transnonain. Pour l'en séparer, il faudra.. vous ne savez pas quoi ? La loi sur la régence. Niaiserie ! pitié ! incapacité pompeuse ! que sais-je ? Et vous me direz que vous aviez le sentiment de notre époque ! M. Louis Blanc, qui avait écrit l'*Histoire de dix ans*, avant votre passage dans les rangs de l'opposition, avait plus de vraie philosophie dans une de ses pages qu'il n'y en a dans tous vos discours.

L'heure s'avançait où vous deviez montrer jusqu'à l'évidence que vous étiez presque exclusivement un homme de belles paroles, un homme de formes vaines, un homme d'apparat, un homme de brillant et de vernis. Un matin, le vieux roi vit le peuple qui mettait la main à son trône ; il s'y cramponna un instant ; puis, d'étonnement, il céda. Le trône fut brûlé. La royauté du peuple fut proclamée et sacrée sous le nom saint de République. Vous-même, Monsieur, fûtes un des premiers à acclamer ce nom.

Depuis lors, qu'avez-vous fait ?

Je sais ce que vous allez me répondre. Vous me direz : « J'ai installé la République à l'Hôtel-de-Ville, j'ai foulé aux pieds le drapeau rouge, j'ai écrit le manifeste à l'Europe, j'ai, en quelque sorte, personnifié en moi la France, qui m'a remercié de mon rôle noble et courageux par des millions de suffrages, j'ai tenu le pouvoir avec éclat, je l'ai déposé avec dignité, je suis prêt à mettre encore mon bras au service de mon pays, si mon pays a besoin de moi. » Voilà ce que vous me direz.

Et moi, voici ce que je vous dis :

Et d'abord, qu'il me soit permis de vous faire une petite observation sur votre caractère personnel. Depuis le mois de juin, il vous a pris la manie de vous considérer comme une victime de l'inconstance populaire. A vous entendre, vous êtes un homme de tous points irréprochable, qui subit, sans se plaindre, les injustices de ses contemporains, sûr que l'histoire lui fera raison. On dirait, vraiment, qu'il faut avoir le cœur bien méchant et bien ingrat pour oser attaquer M. de Lamartine, une âme si noble, si sympathique, si généreuse, une individualité puissante qui a personnifié le pays, un homme qui pose devant l'histoire. Arrière donc les critiques de la malveillance ! Respect au héros de l'Hôtel-de-Ville ! Respect à l'auteur du manifeste à l'Europe ! Respect au généreux orateur que tous les partis applaudissent ! Respect à cette lyre qui a vibré si harmonieusement au grand réveil de Février ! Respect à la sensibilité de ce beau génie, dont le cœur, dont la voix, dont la vie ont été pendant trois mois au service de la République ! Respect, et, s'il est nécessaire, jetez un voile sur les infirmités de cet aigle aux ailes d'or.

Eh bien ! non, mille fois non ! je ne respecte pas les hommes d'État, je les discute. Tant pis pour eux s'ils sont faibles à la discussion et au grand jour de l'analyse; tant pis pour eux si leur amour propre de poëtes doit souffrir de leur impéritie de gouvernants; tant pis pour eux s'ils s'émeuvent de ce que les applaudissements sont quelquefois remplacés par des huées; mais où les huées ont été méritées, elles retentiront, et dans le présent, et dans l'avenir.

Je vous dis donc :

Depuis Février, vous avez fait de la parade, rien de plus. Vous avez voulu composer en action une brillante page d'histoire. Votre principal but a été de poser devant les futures annalistes de la France. Au fond de votre âme, il n'y a eu qu'un désir : celui de parfaire votre personnalité, de la bien encadrer, de l'illustrer, de la peigner, de la papilloter, de lui donner une belle attitude, pour intéresser le Lamartine qui racontera à nos neveux l'*Histoire des Girondins* de 1848.

Comme cette préoccupation ressort bien des faits que nous avons vus, presque à l'exclusion de toute autre ! Tous vos actes, depuis la révolution, n'ont, en quelque sorte, trait qu'à vous-même. Votre personne semble être votre seul point de mire. Voyez plutôt. Vous ne vous êtes associé de cœur à aucune des réformes réelles qu'on a tentées. Le sort des basses classes ne vous a pas préoccupé un seul instant.

Le socialisme a trouvé en vous son plus doucereux, il est vrai, mais aussi, et par cela même, son plus dangereux adversaire. Les conférences du Luxembourg, la seule chose sérieuse qu'ait faite le gouvernement depuis Février, ont été instituées malgré vous. Vous avouez vous-même que le mouvement socialiste vous a toujours déplu; votre brillante parole n'a pas pris une seule fois la défense des malheureux ouvriers. Vous qui passez pour si sensible, vous n'avez pas trouvé une larme, pas une période émue pour les souffrances inénarrables du prolétariat. A ceux qui voulaient sérieusement renouveler ce pays, vous suscitiez des difficultés de toutes sortes. Si quelques-uns imaginaient des théories pour combler cet abîme de maux où nous sommes plongés, vous étiez des premiers à les appeler des utopistes, des rêveurs. Vous étiez l'ennemi avoué ou secret de tous les vrais républicains, de tous ceux qui prétendaient que la République n'était pas un mot, mais une chose, une chose qui devait transformer le pays. Vous souvient-il que vous donniez un canif à M. Alexandre Dumas, comme pour l'engager à écrire contre eux, et que ce grand enfant, en fait de politique, allait racontant cela à tout le monde? Je touche la comédie.

Oui, la comédie! car, à défaut d'autre chose, vous nous avez donné des scènes de théâtre, pendant que vous étiez au pouvoir.

Comme c'est charmant, un homme qui pose devant l'histoire!

Voyez. Le peuple de Février fut admirable de magnanimité. Au milieu de cette grande victoire, il n'y eut pas un cri de sang et de vengeance. Le pardon, l'union, la fraternité: tels furent les seuls mots d'ordre du triomphe. On se le rappelle; tout le monde se souriait dans les rues de Paris. Un instant, il y eut de l'amour dans cette ville, ordinairement si froide, si glaciale; seulement, on avait mis aux boutonnières des habits et au bout des piques un ruban *rouge*. De quoi s'agissait-il? Il s'agissait de dire à cette foule enivrée de joie, et nullement de carnage, il s'agissait de lui dire: « Pas de sang! pas de violence! mais prenez un drapeau, si différent de l'ancien, qu'il marque à tous les yeux que la France va être renouvelée. » Voilà ce qu'eût dit un homme convaincu, un homme qui eût attaché plus de prix aux faits qu'aux apparences, aux institutions qu'aux couleurs du pays. Tel ne fut point M. de Lamartine. Vite, il s'enflamme à cette idée: le drapeau rouge! Son imagination lui crée des dangers fantastiques. Une belle phrase lui passe par la tête, une phrase qui fera de l'effet. Le voilà donc qui se fait le Don Quichotte de ces nouveaux moulins à vent. Il se dresse, il gesticule, ses yeux lancent des éclairs, la multitude est ébahie, le drapeau rouge est foulé aux pieds: voilà le sujet d'un superbe tableau. Puis la postérité racontera qu'à la voix de M. de Lamartine un chiffon rouge a été remplacé par un chiffon tricolore.

Comme c'est charmant, un homme qui pose devant l'histoire!

Voyez encore. Il est question d'organiser le travail. Or, M. de Lamartine ne comprend pas cela, lui, organiser le travail! Voilà *quinze ans* qu'il étudie les matières sociales, et il assure qu'il n'a pas pu encore arriver à se faire une idée de cela: organiser le travail! Il est vrai que, tout en étudiant le socialisme, il a composé une foule de poésies. Je vous jure qu'il n'a pas perdu son temps : il est excusable s'il n'a pas étudié le socialisme sous tous ses aspects. Le fait est qu'il ne comprend pas que l'État, le tuteur des faibles, doit intervenir quand les faibles sont opprimés, leur donner appui et protection, réglementer les exigences des puissants et des forts. Il ne comprend pas cela, et, un jour qu'on le prie de signer un papier qui a trait à l'organisation du travail, il ouvre son habit méthodiquement boutonné jusqu'au col, et il s'écrie : « Vous me tuerez avant de me faire signer ce que je ne comprends pas ! » Vous concevez qu'on est désarmé par un pareil trait de courage. Les délégués ne crurent pas devoir consommer ce martyre, et ils attendirent que quinze nouvelles années d'étude aient enfin édifié M. de Lamartine sur cette chimère de l'organisation du travail.

Comme c'est charmant, un homme qui pose devant l'histoire !

Puis, pour combattre ces révolutionnaires hardis qui appellent une nouvelle organisation sociale, croyez-vous que M. de Lamartine fera comme tout le monde ? Discutera-t-il les principes ? se séparera-t-il des hommes ? prendra-t-il bravement son parti sur les choses de fond comme il le prend splendidement sur les choses de forme ? du tout. Il appellera son officieux confrère en littérature, M. Alexandre Dumas, qui est dans le désespoir de n'être pas représentant, lui qui est si stable dans ses opinions, lui qui a prédit tout ce qui arrive, lui qui aime tant les prêtres du département de l'Yonne, chef-lieu Auxerre ; M. de Lamartine appellera donc l'auteur de *Charles VII au milieu de ses vassaux* et de *Monte-Christo en deux soirées ;* il l'appellera ; il le prendra par la manche de son habit, un habit de drap vert, je crois ; il le conduira devant son bureau, ou plutôt devant une cheminée de marbre, sur laquelle, sans doute, il y a une pendule et deux candélabres ; et là, mystérieux, muet, il lui mettra dans la main un canif. Gare ! gare ! sur le terrain de la politique, M. Dumas, candidat de l'Yonne, chef-lieu Auxerre, est terrible. Gare les hommes sans conviction ! gare les gens de la ligne courbe ! gare les représentants sans idées et sans conscience ! gare ! Je ne connais rien de plus joli et de plus piquant que ce canif. Je voudrais bien être un citoyen d'une position quelconque : par exemple, un auteur dramatique de la valeur de M. Clairville, ou un feuilletoniste à cinq sous la ligne, pour que le candidat de l'Yonne, chef-lieu Auxerre, se servît de ce canif pour tailler une plume contre moi.

Comme c'est charmant de poser à deux devant l'histoire !

Je ne déroulerai pas, Monsieur, tous les actes de cette tragédie de haut genre où vous avez étalé les mille grâces de votre organisation. Peut-être vous en ai-je dit assez pour vous montrer à quel haut prix j'estime vos talents scéniques et les merveilleuses ressources de votre jeu théâtral. Je vous ferai part seulement de quelques craintes que j'ai conçues à votre sujet par rapport au jugement de l'histoire.

L'histoire ne dit pas toujours ce que les acteurs de la tragédie humaine voudraient lui faire dire. Ecoutez-moi. Je vous aime, au fond. C'est une douleur pour moi d'être obligé de vous haïr. Ecoutez-moi.

Si l'histoire disait, par hasard, que, débordant de phrases, vous étiez à sec d'idées!

Si elle disait que vous n'avez pas compris le sens de la révolution!

Si elle disait que, dans la lutte de la bourgeoisie avec le peuple, vous avez eu le cœur trop étroit pour embrasser la cause du dévouement!

Si elle disait que M. de Lamartine eût mieux employé son temps à composer des vers qu'à combattre le droit au travail!

Si elle disait que la République de 1848 avorta, en grande partie, par la faute de M. de Lamartine!

Si elle disait que M. de Lamartine n'avait aucune suite dans ses actes politiques; qu'il adorait le lendemain ce qu'il anathématisait la veille; qu'il s'asseyait à droite et à gauche avec la même facilité, et avec une nonchalance qui aurait pu faire croire qu'il n'avait aucun principe arrêté, aucune conviction!

Si elle disait qu'il s'offrait, lui, Lamartine, à porter la queue à un histrion archi-comique, afin de s'asseoir sur un certain banc à la Chambre!

Si elle disait qu'un jour il a étalé si naïvement son scepticisme politique, que ses amis même en ont rougi de pudeur!

Si elle disait que la conduite de M. de Lamartine, après Février, peut se résumer dans ces mots: Tout pour ma personnalité! rien pour la France!

Si elle disait cela?

Je vous l'assure, Monsieur, et voilà pourquoi je vous parle si âprement, je vous l'assure, vous avez été bien nuisible à la cause de la démocratie.

Et ne m'arrêtez pas pour m'objecter que la démocratie est votre rêve, votre but, votre idéal.

Il n'en est rien. Ce qui est le fond de la démocratie, vous ne le souhaitez pas. Vous n'en voulez que la surface.

Ne sait-on pas ce que c'est que cette République *à vous*, dont vous parliez l'autre jour à la Chambre? Oui, oui, la tête, le corps, les membres: on connaît vos théories. Oui, une statue dorée à l'extérieur et pleine de hideuse vermine intérieurement. Oui, une diplomatie à grands falbalas, pendant que le peuple mourrait de faim. Oui, des phrases sonores à la tribune, et pas un effort pour procurer du travail aux pauvres ouvriers. Oui, des mots et pas de faits. Oui, des élancements prophétiques vers l'avenir, et des larmes pour le présent. Oui, des rayons de gloire au sommet et des râles à la base. Oui, le gentilhomme Lamartine avec un maroquin rouge sous le bras, et le journalier à 15 sous courbé sur sa pioche. Oui... oh! elle est charmante votre république *à vous!* Elle est démocratique votre démocratie *à vous!..*

La démocratie, entendez-le bien, la démocratie, c'est le socialisme: elle n'est pas ailleurs. La démocratie, c'est le triomphe du droit sur le privilége; c'est l'avénement du pauvre peuple qui a tant souffert, et qui aspire enfin à cueillir quelques-uns des fruits de l'arbre qu'il a planté. C'est la glorification du travail. C'est la bonne volonté de tout homme qui vient en ce monde mise à la place des ridicules, des absurdes droits que vous attribuez aux hasards de la naissance. C'est l'homme replacé dans les légitimes attributions de la nature. C'est la société raisonnable au lieu de la société révoltantes d'abus et d'iniquités. C'est la loi substituée à l'arbitraire, à l'arbitraire, ce cancer de notre société. C'est la résurrection de la justice. C'est le règne de Dieu. Voilà la vraie démocratie. Il n'y en a pas d'autre. Elle a été baptisée socialisme, et toute votre éloquence est inhabile à lui ôter son nom.

Et voilà aussi, Monsieur, ce que vous avez repoussé, ce que vous avez renié, ce que vous avez combattu. Voilà ce que vous avez combattu en vous tenant en garde contre les socialistes, pendant les deux mois du gouvernement provisoire. Voilà ce que vous avez combattu en vous associant à une bourgeoisie tellement ignoble dans son égoïsme que nous ne voudrions pas lui faire l'honneur de nous indigner contre elle, mais à laquelle cependant nous osons prédire qu'elle va être enterrée tout à l'heure dans sa bêtise et dans sa lâche méchanceté. Voilà ce que vous avez combattu en mettant votre parole au service de la réaction. Voilà ce que vous avez combattu en déclamant contre les représentants de la gauche, qui sont, *évidemment*, les seuls amis des masses populaires. Voilà ce que vous avez combattu dans ces discours déplorables, au point de vue de votre gloire, comme au point de vue de la justice, dans ces discours où votre esprit sophistiquait au regret de votre cœur. Voilà ce que vous avez combattu en allant de ci et de là, sans savoir au juste ce que vouliez. Voilà ce que vous avez combattu en faisant croire à l'Assemblée nationale qu'une intelligence comme la vôtre ne comprenait pas le droit au travail. Voilà ce que vous avez combattu en votant, depuis six mois, avec les ennemis avoués de la République. Voilà ce que vous avez combattu en réclamant, avec les royalistes blancs et bleus, la dissolution de l'Assemblée nationale. Voilà ce que vous avez combattu, en un jour fatal à votre renommée, quand vous avez chanté la palinodie à un homme que vous redoutiez comme citoyen, et que vous voulez servir comme prétendant!

Ah! je n'ignore pas votre réponse. Elle est banale à faire mal au cœur. Vous ne voulez pas de la démocratie violente. Vous voulez *le développement lent et régulier des destinées de la démocratie.*

Et qui est-ce qui veut de la démocratie violente? Ils sont charmants, en vérité, ces Messieurs de la bourgeoisie. Ils ne veulent pas de la démocratie violente! Et nous donc, est-ce que nous en voulons? Qu'est-ce que nous vous demandons? Nous vous demandons d'entrer dans une voie, de poser un principe, de nous dire franchement, résolument, et non pas dans le langage atrocement perfide des Thiers, des Faucher, des Falloux, des Barrot et de tous les satisfaits hypocrites, si vous voulez le triomphe des idées contenues dans ce mot: Démocratie! Voilà ce que nous vous demandons. Nous savons aussi bien que vous que les nations ne se reconstituent pas en un jour. Les ouvriers aussi le savent. Ils savent que le travail ne peut pas être organisé du jour au lendemain. Ils savent que c'est l'œuvre du temps et de la patience. Mais ce qu'ils savent aussi, c'est que leurs commettants, et vous n'êtes que cela, messeigneurs, sont obligés de s'occuper effectivement, activement de l'organisation du travail. Patientez, attendez, répétez-vous à chaque instant. Et que faut-il attendre, je vous prie? Je conçois que vous disiez : attendez l'application de telle réforme, de tel principe, de telle amélioration. L'ouvrier le plus intelligent comprendrait que l'état de choses actuel ne peut pas être transformé par un décret. Mais savez-vous ce que vous nous dites d'attendre encore? Vous nous dites d'attendre que vous soyiez disposés à adopter des réformes, des principes, des moyens d'amélioration. Vous ne nous dites pas seulement d'attendre l'organisation du travail; vous nous dites d'attendre que vous ayiez décidé s'il faut oui ou non organiser le travail, ce qui, par parenthèse, vous paraît douteux. Vous ne nous dites pas seulement d'attendre qu'on nous ait trouvé un moyen facile de vivre; vous nous dites d'attendre que vous ayez mûrement examiné, blottis dans vos fourrures, à la suite de vos somptueux repas, si vous devez nous accorder le droit de vivre. Hé bien! nous vous disons, nous, qu'il n'est pas possible que nous attendions pour ces choses-là.

Nous pouvons prendre patience pour la mise en pratique de vos idées; attendre qu'il vous plaise avoir des idées, nous ne le pouvons pas! Nous pouvons attendre que les bienfaits d'une Constitution vraiment démocratique soient successivement répandus sur nos misères; attendre que l'avenir éloigné, que nous fait envisager votre prudence, supplée au mutisme systématique de *votre* Constitution, nous ne le pouvons pas. Entendez-vous, nous ne le pouvons pas! Voilà pourquoi nous nous agitons, voilà pourquoi nous sommes inquiets, turbulents, toujours prêts à l'alarme. Et, nous vous l'annonçons à la face du ciel, à la face de Dieu, qui nous jugera les uns et les autres, vous n'aurez ni repos ni trêve, que nos droits, tous nos droits ne soient reconnus. Vous nous mitraillerez : qu'importe! Autant vaut mourir d'une balle que de la faim. Est-ce que c'est vivre, d'ailleurs, la vie que vous nous avez faite? Croyez-vous qu'on soit bien attaché à cette terre et à ces hommes qui nous sont si durs et si ingrats? Croyez-vous qu'il y ait bien du plaisir pour nous à travailler sans un instant de relâche, à manger un pain dur et noir, à voir nos pauvres enfants jaunis dans vos manufactures, à recevoir sur notre sein les pleurs de nos femmes désolées? Quand Spartacus et ses soixante-dix mille compagnons d'infortune s'élançaient de Capoue sur la campagne romaine, ils savaient bien que Crassus-le-Riche pouvait les vaincre et les exterminer; mais ils avaient tous un mot écrit dans le cœur; ce mot, c'était : « Plutôt la mort que l'esclavage! » Et, nous, nous disons : « Le canon de la bourgeoisie plutôt que les horreurs du prolétariat! » La postérité, qui a jugé les Spartacus et les Crassus de Rome, jugera les Spartacus et les Crassus de la France!

Vous craignez la postérité, je crois, monsieur de Lamartine.

Respectueuses salutations. Et vive la République démocratique et sociale!

Nota. — Quelques esprits timorés se trompant sur le sens des dernières pages de cette lettre pourraient s'en effrayer; qu'ils se rassurent.

J'estime qu'un coup de fusil est un argument qui ne prouve absolument rien. La guerre n'est, à mes yeux, qu'un enfantillage cruel. Je regarde la lutte matérielle comme un déplorable moyen de faire triompher ses convictions.

Je n'appelle donc point nos malheureux travailleurs aux barricades. Dieu m'en préserve! dans le passage en question, j'exprime un sentiment, non un désir. J'affirme que l'ardeur de mon langage n'a point pour but d'armer les bras, mais de renforcer les esprits dans un combat d'idées, dans un combat légal, dans un combat qu'avoueront tous les hommes intelligents.

Les socialistes se confient dans l'énergie intime de la justice et de la vérité. Le terrain est déblayé. Ils attendront que l'herbe pousse. Leur rôle se bornera à l'arroser activement et doucement. Ils ne s'armeraient que le jour où des hommes ambitieux et cupides voudraient faire rétrograder la France. Tant que la réaction respectera la République, *ils* ne bougeront pas. Mais qu'on essaie de crier : vive le roi ! ou : vive l'empereur ! et l'on verra s'ils sauront conserver ce qu'ils ont fondé.

Société Typographique. — Desoye, Valery et Ce, rue de Seine, 32.

CHEZ LE MÊME LIBRAIRE:

ALMANACH RÉPUBLICAIN

POUR 1849

RÉDIGÉ PAR LES CITOYENS

P.-J. DE BÉRANGER, LOUIS BLANC, BABAUD-LARIBIÈRE, CORMENIN, DAVID (D'ANGERS), P. JOIGNEAUX, LAMENNAIS, LEDRU-ROLLIN, LAURENT (DE L'ARDÈCHE), P. LACHAMBEAUDIE, MARTIN LAULERIE, P. MATHIEU, AGRICOL PERDIGUIER, FÉLIX PYAT, E. QUINET, F.-V. RASPAIL, JEAN REYNAUD, GEORGE SAND.

www.ingramcontent.com/pod-product-compliance
Ingram Content Group UK Ltd.
Pitfield, Milton Keynes, MK11 3LW, UK
UKHW020456220726
13923UKWH00006B/2572

9 782019 274085